JN410162

우렁각시 이야기들

우렁각시 이야기들

고 앵 자 시집

밀레

서문

어린 시절 밤하늘에 은하수를 수놓고 있는 별들의 화려함과 달빛에 일렁이는 잔잔한 물결위의 달기둥을 보며 문학의 꿈을 키웠다.

그렇지만 현실 속에 잠들어 버린 내 영혼 그 잠든 영혼을 깨워준 「산빛에 물들다」와 「꽃으로 선 당신」이라는 시집을 접하는 순간 내 꿈은 되살아나고 영혼의 울림이 용솟음침을 느꼈다.

맞아, 붉게 물든 석양빛이 더 아름답다 하지 않던가.

3년이란 세월 동안 교수님의 지도를 받아 열심히 노력한 끝에 하늘에 계신 아버지를 그리며 첫 시집 「우렁각시 이야기들」를 상재하게 되었다.

니이체는 "천부적인 재능이 없으면 그것을 습득하면 된다라고 했다."

항상 이 말을 가슴에 새기며 독자들의 가슴에 와 닿는 시를 쓰고자 열과 성을 다 하겠다.

2024. 10. 25.
고 앵 자

¨ 목차 ¨

제1부_ 님이시여

제2부_ 노을 속의 평야

제3부_ 영혼의 촛불

제4부_ 갈잎에 새긴 사랑

제1부_ 님이시여

님이시여 / 낙엽 스치는 바람
아버지의 향기 / 설화 속의 그녀
그리운 님이시여 / 마음 밭의 꽃동산
목련화 / 유년의 꿈
예단(禮緞) / 우렁각시 이야기들
첫눈 / 사랑 꽃
고향 가는 길 / 자매
꽃길 / 엄마 생각
아버지 / 어머니(1)
인생론 / 낭자머리의 그리움
천륜의 사랑 / 빛의 여운
가을이 오는 소리

님이시여

세월안고 들어선 고향집에
올망졸망 돌담으로 선을 긋고
바람 길 막아주던 님이시여

묵향처럼 난향처럼
은은한 그대의 향기
틈새마다 아롱져 피어나던
당신의 거룩한 빛줄기

만고풍상 거친 세월
이고지고 떠나가신 님이시여
당신의 그 커다란 울림을
밤하늘에 수놓아 드리렵니다

돌담에 새겨놓은
당신의 큰 사랑의 메시지들
칠 공주의 가슴에 뜨겁게 지펴지는
하얀 미소의 행운입니다

낙엽 스치는 바람

스산한 바람에 나풀거리는
낙엽의 유희를 음미하며
새벽길을 걷는다

푸르름의 기상을 뽐내던
장엄한 청춘들은
갈색바람에 그만 침묵을 묵도하며
서글픈 여행길을 서두르고만 있다

잎새마다 새겨진
갖가지 사연들 뒤로한 채
훗날을 기약하듯 고고히 날고 있는
저 가련한 춤사위들

삼삼오오 짝을 이룬
저 형제자매들
갈바람 머리에 이고 나부끼며
어디론가 떠나가는 저 처연한 모습들

아버지의 향기

멀고 먼 어느 날
까까머리 소년이 아들이 되어 들어왔다

아버지의 그늘 속에서
어머니의 따스한 품속에서
애틋한 사랑을 먹고 자랐다

성실과 근면의 끈질긴 노력에도
심한 성장통을 겪으며
우뚝 선 중년의 아들

반세기의 세월 속에
주름진 흔적의 재회가
아버지의 아련한 향으로 피어오른다

그 짙은 향에 취한
가족이란 인연
울고 웃으며 재회의
무지갯빛 향기로 피어난
내 오라버니

설화 속의 그녀

꿈속의 여인 되어
숱한 이야기 꽃 날리더니
끈질긴 유혹에도 미동조차 없는 그녀

무슨 생각 그리 많아
이글거리는 심장 부여잡고
사랑 꽃만 피우는가

크고 작은 열정의 삶
그대 보다 더 큰 사랑 가지려거든
연둣빛 입술에 속마음 새겨 넣고

아름드리 푸르른 꿈
희망에 찬 가슴안고
실루엣만 휘날리고 있네

그리운 님이시여

서산머리 뉘엿뉘엿 걸친
붉은 노을빛에 타들어간
당신의 얼굴

통한의 늪에서
서글피 가슴 태우시던
그리운 님이시여

불효의 자식은
되갚지 못한
한(恨) 맺힌 서글픔으로
눈물짓는 이 밤이네요

그 커다란 은혜의 빛
어이 갚을지
꿈속에서라도 헤어볼까
그리워 그리워하는 당신의 모습

마음 밭의 꽃동산

꽃피고 새우는 동산에
한 송이 꽃으로 자라난 청춘
세상을 품고자 할 일도 많았으나
기대고픈 마음에 등짐도 내려놓았지

송이송이 피어난
동백꽃, 목련화, 함박꽃, 안개꽃 들
산들바람타고 내게로만 안기던
농익은 사연들

얽히고설킨 삶속에
서로가 하나가 되고픈
가슴의 향기 되어
동산을 이루었지

가족이 되고 친구가 되어
하나가 된다는 것
기쁨이고 행복인 마음 밭의 꽃동산

목련화

하얀 등불 밝히며
삼월의 등에 엎이어 찾아오신 님이여

살랑이는 바람으로
꽃 춤의 계절 타고 여기까지 오셨나요

하얀 꽃술의 입에 나풀거리는
저 화려한 햇살의 의미는 무엇이며
어떤 것 인가요

화려하다 못한
저 처연한 슬픔을 어찌 감당해야하며
당신의 고귀한 영혼을
어찌 품어야 하나요

유년의 꿈

파도소리 넘실대던
한적한 바닷가에서
은하수 별밤을 지새우던 날

철석 철석 리듬을 타고
흙 놀이하며 세록이던 꿈 많던 시절

오늘 밤은 백의천사(白衣天使)
내일 밤은 자랑스런 여군(女軍)이 되고
다음 날 밤은 산골 여학교
국어 스승이 되었었지

하늘 향한 세월의 성곽들
산산조각 무너지고
뒤늦은 노후의 존재를 찾아 나선
문학의 길라잡이

예단(禮緞)

청실홍실 꽃다운 청춘
예단에 곱게 담아
온갖 정성을 기우는 님아

곱디고운 연둣빛 저고리
홍색 치마에

황금빛 깃을 세워
화려함을 장식한 곱디고운 새아가야

이제 너희들 보니
내 청춘도 저물어 세월이 흐르는 구나

오늘이 어제이고
어제가 내일인 것처럼
불멸의 행운 간직한 채
꽃다운 한 생을 살려무나

우렁각시 이야기들

햇살도 동한(冬寒)을 이겨내지 못한 양
서둘러 밤잠을 청하는
유년의 겨울 밤

청자 빛 화로 불에
옹기종기 모여 앉은 가족들
인절미에 동치미며
고구마 구워 호호 불어대던
우렁각시 이야기들

한 입에 우화 꽃
두 입에 자장가
불러주시던 아버지의 사랑

아직도 그 추억
가슴에 앓이는데
난 정녕 누구에게도 그 추억
전해줄 이 없어 멍 때리는 밤의 여운뿐

첫눈

싸늘함이 스치고 지나는 길에
함박웃음 앉고 내리는
솜사탕들

하늘의 전령인지
창조주의 계시(啓示)인지
우아한 황홀함에 넋을 잃게 하는
한나절

가지마다 주렁주렁 매달린
백설의 음표들
가슴을 휘젓는 허밍소리에
진한 추억이 되살아나

발 도장을 찍고파
마당이며 언덕을 오르내리며
강아지가 되어본다

사랑 꽃

생각과 언어로만 싹틔워
주저리 주저리 열매 맺힌
곱디고운 사랑 꽃

몽실 몽실 피어오르는 천사의 미소로
온갖 시름 쓸어내리는 환희의 기쁨도
빛과 색을 넘어 향기로만 피어오른
삼라만상의 언어들

태양의 열기도
밤하늘의 별빛도
삶이 내게 준 숱한 추억과 행복들

자연의 극치가 백합이라면
내 삶의 극치는 사랑 꽃이리라

고향 가는 길

아카시아 향기 마시며
추억 찾아 가는 길

연녹색의 새 생명들과
노랑나비 한 쌍
오월의 날개 위에
목마타고 오솔길 앞장선다

우직한 가학산의 기풍이며
철썩이는 파도 소리며
유년의 추억을 뿌리 내려준
내 고향의 벗님들

내 마음의 텃밭에
영혼의 쉼터가 되어준 내 고향
망부석으로 서 있는
당신이 있어 찾아 나선 길

자매
— 칠공주의 밤

채석강이 구비치는 변산반도에
산수연(傘壽宴)을 맞는 형부의 축일 날
칠공주의 수다가 밤하늘을 수놓고 있다

팔딱거리는 삼치며
쫀득쫀득한 전복 회
고향의 복개 떡 한 소쿠리

오고가는 곡주(穀酒)의 정(情)이
시나브로의 리듬을 타고
해변의 어둠을 녹이고 있다

한줄기로 엮여진 숙명의 자매들
밀려왔다 밀려가는
파도에 씻긴 세월 되어
이 밤을 즐기는
곱고 고운 사랑의 꽃이여

꽃길

삶이 가져다 준
파릇한 인생사
팔월의 신부되어
행복을 기약한 신혼의 단꿈들

찬란한 햇살아래
웃음꽃 피워 물고
황홀한 여정을 즐기다가

내 곁에 와준
새 생명의 신비로운 열매들
꿈인지 생시인지 행복담긴 밀어가
하늘을 날고 있다

험난한 세상살이
꿈길만을 걷기 위한
꽃밭을 가꾸어가며 새 소리 음계타고
꽃바람 솔솔 꽃길만을 걷고 싶다

엄마 생각

따스한 품안에서
사랑의 빛으로 곱게 자란
칠공주의 둥지

자나 깨나 세월의 끈 놓지 못하고
섬섬옥수의 아릿한 정(情) 쏟아 붙던
곱디고운 푸르른 청춘

바다길 열리는 날
땀방울 훔치며 조갯살 캐던
엄마의 모습

풍성한 식탁 앞엔
아기자기 놓여진 사랑의 맛들
그 모습 재연해 준 언니의 솜씨

어쩜,
핏줄기로 이어진
엄마의 타고난 형상
사랑의 전도사다

아버지

정(情)이 넘친 인자함으로
마음 밭 일구시던
그 푸르른 사랑의 미소가
가슴을 휘젒는 구려

그리워 그리워함이
이토록 애달픈데
구름타고 하늘 집에서
바람 따라 별나라 여행이시나요

폭포수로 쏟아져 내린
그 뜨거운 정들
부르고 불러본들
흔적마저 없으니 어찌 되었나요

당신의 칠 공주
가슴에 꼬옥 껴안고 자장가 부르시던
그 따뜻한 목소리
천사의 울림으로 내 가슴에 맴도네요

어머니(1)

한 올 한 올 모진세월 엮으신
낭자머리에 비취빛 한복의
다소곳한 그리운 님이시여

철 따라 변해가는 세월도
아랑곳하지 않고
장독대에 정화수 바쳐 놓고
두 손 모아 기도하는
그 갸륵한 님이시여

가족 위한 헌신에
자식 사랑 넘치시던
성자의 삶
어찌 헤아리리요

영원히 놓을 수 없는
당신의 거룩한 뜻
가슴 깊이 새겨 넣고 한 생을 살려하네요

인생론
— 자화상

역경과 고난의 꽃으로 피워 온 삶
청푸른 하늘빛으로 살고 싶었다

장미꽃이면 어떠하고
들꽃인들 어떠하랴
촉촉이 젖은 눈망울로
열정의 삶 살아가면 그뿐인 것을

연으로 맺어진 충효의 길에
혈육으로 맺어진 끝없는 사랑
주렁주렁 열매 맺혀
꽃망울 터트린 삶이 되고

내 인생의 씨앗 뿌려
곱게 물든 석양빛에
이름 세자 남기고 가면
행운인 것을

낭자머리의 그리움

오밀조밀 정성껏 준비한
기일 날
그리움으로 가득한 당신을 불러봅니다

당신이 뿌려 놓은 탐스런 씨앗들
옹기종기 모여 앉아
가슴에 새겨진 그리움 안고
향 짙은 당신을 음미합니다

굽은 허리 펼 적마다
한숨으로 이어진 한의 소리
멍든 가슴 부여잡은
세월의 야속함을

영원하리라는
옹달샘 같은 그리움
불러도 불러도 화답 없는 님이시여
당신의 꽃밭에 흠뻑 젖어
푸르게 푸르게 화들짝 피어나렵니다

천륜의 사랑

침묵이 익어가는 야밤
천륜의 사랑은 수직 상승하여
가스 불 위에 맴돈다

이 밤이 밝으면 사랑둥이
조잘 조잘 입술을 만나다

아프다고 삐그덕거린
허리를 달래며
진한 곰 솥에 사랑 한 국자 소롯이 넣는다

주어도 주어도 모자란
가슴아린 내 사랑 내 별들
태워도 태워도 더 태우고픈
내 영혼들
넘치는 향기 품어
사랑의 꽃동산 물려주고 가련다

빛의 여운

그대는 우주의 원동력
한 가정의 대들보이어라

신비롭게 태어난
천사의 모습
세상을 밝히는 빛의 여운이어라

세밑의 끝자락에서도
이웃과 허약함에 물든 이에
섬광으로 다가 선 따뜻한 손 내미는
님이시여

그대의 빛이
곧 우주의 섭리며
지상의 영광인 것을

가을이 오는 소리

연초록 물들어가는
자연의 향연 속에
살풋한 그리움 한 점 가슴을 맴돈다

짙푸른 산천들
알록달록 익어 가며는
잊었던 그 님의 모습 찾아올까나

행여나 행여나 설레임으로 다가온
짜릿한 님의 목소리
산을 넘고 들을 건너 안겨오는
갈잎의 여운들
땀방울 흘러 흘러 강물이 되면

갈바람 타고 내려앉은
뗏목에 기대인 채
님 바라기 하는 저 을씨년스런 바람 소리

제2부_ 노을 속의 평야

노을 속의 평야

태양 빛이 어둠을 향해
달려갈 즈음에
붉게 타들어간 노을빛이
내일을 약속하듯 배웅을 나선다

저 건너 어스름 산야와
집 찾아 떠나는 기러기의 날갯짓이며
드넓은 평야엔 하루치의 일을 끝내고
가족들과 함께 오순도순 명상의 시간을 갖는다

아, 저 하늘의 화려한 채색들
어머니의 화폭처럼 곱기만 한데
기다림에 지친 그 님은
빛 고운 서녘 하늘에 무얼 그릴까

또 하나의 사랑

돌고 도는 물레방아 인생길
슬픔도 기쁨도
더불어 함께하는 어깨동무 인생인데

단풍고운 어느 날
꿈같은 사랑 돌고 돌아
신비롭게 찾아온 새 생명 얻어
몽롱해진 가슴 벅찬 광명의 빛

시월의 마지막 날
자연의 섭리로 투영되는
나만의 보물사랑
그 행복 그 눈물샘이 오늘도 아우성이다

눈물겹도록 경이로운
또 하나의 사랑이여
푸르고 푸르른 꿈나무로 자라
삼라만상 우주의 빛으로 곱게 떠올라라

동백꽃

싸늘한 바람을 맞으며
가슴 시리도록
불타오르는 청춘

어쩜
사랑의 정열로만 꽃피어지는
선홍빛 새색시의 볼연지

외로움과 쓸쓸함을 돌고 돌아
하얀 눈꽃으로 빛을 발하는
그 찬란한 환희

생을 마친 삶에서도
네 어찌 고고한 모습으로만 누워
진정 사랑의 열매를 꽃피우는가

눈 내리는 밤

어둠을 살라 먹고
천상의 꽃이 되어
눈이 내리네

밝고 어두운 곳 가리지 않는
저 찬란한 희디 흰 아름다움의 절규
이승이면 어떻고
저승이면 어떠랴

내 마음 속 백옥 되어
고즈넉이 쌓인다면
무언의 꽃길 따라
가슴이 저며 오겠지

아,
평화가
행복이
꽃눈 되어 지상을 덮어주네

유월의 묵념

찬란한 태양마저
숨죽이는 거룩함이여

님 그리워 울먹이는
저 피멍 든 나팔소리
숙연함에 깃든 묵상의 잔이여

조국의 기상에
계레의 얼을 뒤집어 쓴
한 맺힌 선열들의 영령이시여

녹음방초 우거진
반도의 산천에
당신의 피로 세운
무궁화 한 떨기
유월의 하늘 아래
심혈을 다하여 꽃피우리니
영원 하옵소서
영원 하옵소서

지하철

사연이 사연을 만나
어둠의 터널에 기댄 채
종착역을 향 한다

숱한 인생들
갖가지 사연들을
옹기종기 매달고

오늘도 벅찬 숨을 내쉬며
삶의 갈망을 숙성 시킨 채
인생의 긴 터널을 향해

여명의 심장을 뚫고
밝고 어두운 기적의 힘을 토하며
저 몽매한 마력의 사나이는
오늘도 지하의 광야를 달리고 있다

님에게

칠순이란 말문에
가슴 저린 한 숨 소리

생기 넘치는 풋풋한 사랑
시간이 주워 먹고
희끗 희끗 내린 서리는
주름진 세월의 계급장이 되었구려

어느덧
울창한 숲을 이룬 우리들의 분신들
종달새 되어 창공을 날고 있네요

세상의 빛이 되고
지상의 낙원이 되어
푸르고 푸르른 하늘 빛 사랑 나누며
마음껏 꽃피워 지길

자장가(2)

싸늘함이 엄습한 날이면
햇살도 졸음이 온양 숨죽이며 찾아든
유년의 겨울 밤

안방 정수리를 차지하고 있는
청자 빛 화로에
옹기종기 모여 앉은 가족들

고구마에 인절미 구워
호호 불던 아릿한 추억들
정겨운 우화에 이솝 이야기꽃은
시간 간줄 모르다가

스르르 잠이 들쯤에
어김없이 찾아든 아버지의 자장가
솜사탕처럼 달콤한 사랑이었지

그 꿈 그 추억
다시 듣고 푼 할머니의 품속

옹아리

찬란한 새벽빛이 열리기도 전
적막을 깨뜨리는 소리

새 생명의 꿈틀거리는 옹아리가
작은 울림통이 되어
하늘을 수놓고 있다

어느새
손과 발의 앙증스런 율동이
세상을 향한 생명의 빛으로
비상하려는 욕구의 힘

하늘의 전령되어
기적의 울림 앉고
내 곁에 찾아든
희망의 등대 천향의 빛이여

여름밤의 추억

초롱이 반짝이는 연기섬엔
모깃불이 필적마다
은하수가 쏟아지던 날

평상에 누워
초롱 초롱한 눈망울로 별을 헤이며
계수나무 방아 찧던 달님의 이야기가
하늘을 수놓고 이었지

바다 건너 밀려온
갯바람의 소리에
구슬땀 녹이시던 어머니의 밭고랑

신바람 난 꼬마들의 성화에
선잠을 깨어난 어른들의 볼멘소리가
고요의 늪속에 파란 꿈을 심고 있다

호수의 밤

달빛에 젖은
넓은 호수의 가슴은
호젓한 어둠을 껴안고 앉아

밤하늘에 투영되는
은하수에 화들짝 깨어난
한 쌍의 청둥오리

놀라운 자연의 섭리에
영혼을 빼앗긴 듯
유유자적 사랑놀이가 한창이다

삼라만상에 고요의 묵상은
천체만이 이룰 수 있는
신의 선물이다

바람

자연의 숨결이
팔랑개비로 달려와
내 가슴에 안기는 님의 소식

어깨도 나란히
플라타너스 길을 거닐며
속삭였던 까마득한 세월들

바람결에 흔들리는
저 꽃잎들의 불타오르는 사랑
한때의 자유요 낭만이었던 추억들

그 부풀렸던 희망의 꿈들
어디로 사라지고
호젓한 낙엽길 따라 생을 음미하고만 있네

낭자머리

솔바람 소리로 영글어간 세월 속에
알알이 품어 내린 영혼 되어
옥색 치마저고리에
옥비녀 꽂으시던 낭자머리의
님이시여

카랑 카랑한 삶의 흔적들
푸른 멍에 깊게 드리운 정(情)
어제 밤 꿈속에서 뵈었네요

불고기가 잡수고 싶다던 전언(傳言)에
내 영혼의 사랑 꽃 가득 버무려
새해 아침상에 올려 들이오리라

낭자머리
그리운 님이시여
그대는 늘 내 가슴에 터를 잡고
외로움 뒤로 한 채
목련화로만 서 계시는 걸요

어머니의 계절

짙게 물든 연녹색의 서정에
장미꽃 한 다발
연서(戀書)로 새겨 넣고

그리움 안고 울어대는
두견새 편에
가슴절인 사연 담아
내 님께 보낸다

숱한 애환 속에도
푸르름 꺾이지 않던
당신의 곧은 절개
이제야 알아차린 세월의 교훈들

그토록 깊고 넓은
당신의 그 애절한 기도가
긴긴 세월 돌아 내 가슴에 안기는
오월의 모정(母情)

밥상

혈육의 정(情)
인연이란 정에 오순도순
웃음꽃 피어물고
둥지 속의 우주를 이룬 삶들

형형색색의 일상과 생활을
양푼에 부어넣고
그리움의 양념에 사랑의 향을
듬뿍 넣어 버물린 일품 요리

숟가락 젓가락 마디마다
사랑의 멜로디가 뿜어져 나오는
달빛 아래 비친 만찬(晩餐)의 여운들

비움으로 이루어진
사사로운 가족의 행복들
물안개 꽃으로 피어오른
일상의 하루를 즐기는 행복한 식탁

사월

푸르름이 날개 돋듯
새아씨의 수줍음이
연지곤지로 피어나던 날

곱디고운 황금빛 연서(戀書)가
그대들의 가슴을 파고드는
찬란한 사월의 여운들

싱그러움을 간직한 연녹색 생명들은
잠들었던 영혼을 깨워
삶의 향기를 뿜어대는 저 황홀한 여정

오,
사랑이여
영혼이여
매혹으로만 피어나는
계절의 여왕이여

눈

솜사탕을 문 아기천사들이
살폿한 바람을 타고
대지를 덮고 있다

송이송이 얼음 꽃 되어
환우(患憂)의 가슴에도
약자와 천자의 가슴에도
포근한 사랑을 전하려
펄펄 내리고 있다

그대여 외로워 말아요

하늘의 전령되어
어둠을 깨뜨려 밝은 가슴 열어주는
저 화려한 군무들

가슴마다 전해오는
저 평화의 메시지가
지상의 낙원이고
우리들의 행복이 아니던가요

석촌호수

핑크빛 화려함이 꽃눈으로 내려 앉아
기나 긴 터널을 이루고
환희에 찬 함성이
뭇 연인들을 반기는 구나

형형색색의 찬란한 별 빛들
은파에 새겨놓고
은하수 되어 출렁이며
이 가슴을 젖게 하는구나

청춘이 흐르고
사랑이 흐르고
젊음의 낭만이 출렁거리는 사연들
내 가슴에 꼬옥 부여잡고 황홀한 춤을 추자

고통과 번민
환희와 빈곤의 삶 접어놓고
과거가 오늘이고 미래가 오늘이듯
꽃길만 걸으며 평화만 음미하자구나

강천사 가는 길

소곤대며 흐르던 계곡을 따라
곱이 굽이 돌고 돌아
오르노라면

산새도 물새도 구름 따라 저어가는
황홀한 여정의 숲길들

거긴 언제나
물 향기처럼 피어나는
온기 따스한 님의 목탁소리가 있고

삐죽 삐죽 피어나는 꽃무릇의 향기가
버선발로 뛰어 나와
나를 반기는 산사의 암자

장맛비

밤샘으로 쏟아 붓는
저 한(恨) 많은 눈물들
무슨 사연 있기에 저리도 슬플까

걱정일랑 거두시고
마음껏 흘리시구려
가엾은 지상의 만물들
당신을 마음껏 품어 안고 함께 하리니

지상의 낙원엔
당신 없인 존재 할 수 없음을
정녕 당신은 모르시군요

허나
존재의 가치를 지키고 져
지나치게 흘리지는 마시오소서

산수국

햇살 머금은 하늘이고
숲길에 자리한 보랏빛 여인아

바람결에 나부끼는
아릿한 포옹들
사랑이 여물고
꿈길이 피어나는 길에

서산 넘어 기우는 세월
청춘도 흘러가고
마음 밭의 꽃길은 흰서리만 내리는데

저만치 비켜선 그림자는
서둘지 마라 손짓하며
색색이 변해가는 신비의 여인아

제3부_ 영혼의 촛불

며느리의 꽃사랑

하늘 아래 어디선가
날아든 꽃망울이
가슴에 들어와 꽃사랑으로 피어난다

그 꽃망울 햇살처럼 빛나고
그 향기 달콤한 음율 되어
빛이 되고 소금이 되어
잔잔한 호수에 윤슬 되어 눈이 부시다

그 빛과 향기로 피어난
또또와 초롱이 천사
지지배배 지지배배의 합창되어
기쁨으로 다가와 내 품에 안긴다

천륜으로 맞아진 인연들
정주고 사랑주고
이해와 배려 속에
용서의 잔 크게 나누며
행운의 여정에 화려한 꽃향을 피운다

며늘아이의 꽃정

인연이 필연 되어 낯설게 만난 정(情)
시간이 세월 되어
내 자식이 되었다네

하늘의 축복인지
나의 행복인지
때가 되면 찾아와 온갖 정성 부린다

삶이란 희로애락의
사연도 많을 진데
새아기의 따스함이
내 가슴을 울리는구나

잘 살아라,
잘 살아라
축복의 기원 보냈건만
내게로만 돌아 온 새아기의 사랑뿐이네

참 사랑

사랑과 어머니이란 존재는
오직 하나 뿐이라는 것

하늘을 품고
땅을 품고
바다를 껴안은
가슴 벅찬 청춘의 심장

그대는 비탈진 고목에서
외로움과 고독의 산실로 피어난
한 떨기 고고한 풍란화

꿈엔들 잊을까 생시엔들 잊을까
당신의 고고한 등불
생을 바쳐 살고픈
희망의 샘물이어라

대답 없는 님이시여

안개비에 젖어 소리 없이 흐느끼는
저 수 많은 혼령들 앞에
구슬프다 못해 고요의 침묵만 흐른다

하사 모모씨 묘비 앞에
목메어 울고 있는 저 여인아

달빛에 허공을 떠도는 영혼처럼
둥지를 틀지 못하고 떠나버린
대답 없는 님이시여

조국위한 푸른 청춘을
이곳에 뿌리시여
저 예쁜 한 송이 꽃으로 환생했는가

님이시여
저 여인의 온 몸에 흠뻑 젖은
눈물을 마르게 해 주오

사랑의 진리

산들바람으로 피어오른
감성의 촉수가
사슴의 눈망울이 되어
내 곁을 맴돌고 있다

씨 뿌려 가꾸어 온 마음 밭의
꽃 향이 피기도 전에
흑기사의 망토를 쓰고
흔들어 깨우는 저 몽매한 선율

어느새
혼미한 내 영혼에 촛불을 밝혀
울렁이는 환희와
미련의 꿈을 한아름 안겨주고 떠난 사람

어둠의 빛이 태양이듯
생을 받혀 사랑하고픈
그 순수한 내면의 열정

선물

어버이날
아들의 선물은 티셔츠
며느리의 선물은 보석함이다

착칵 문이 열리자
휘황찬란한 보석이
꿍덕꿍 꿍덕꿍 춤을 추고 나온다

기대 반 실망 반
찰나의 순간에
해맑은 꽃사슴의 눈망울을 한 공주가
천사로 내려와 안긴다

꿈인지 생시인지
앙증스런 미소에 앵두 볼 재롱이
희망의 등불 되어 빛으로 안긴다

아, 님이시여
나의 사랑
나의 천사여

행복과 불행

내 안에 터를 잡고
심장의 박동과
감성의 자양분을 키워가며
생을 함께하는 그대여

사소함에 미소 짓고
맑은 눈망울을 마음에 담아
긍정의 향을 뿌려가며
새초롬한 싹을 틔우는 것이
행복을 위한 지상의 낙원이 아닐까

허나,
과욕의 선을 넘나들다
먹구름 드리워져
암흑과 부정의 씨앗만 움튼다면

이 또한
마음의 극(極)을 넘지 못함이니
천상과 지상의 선상에서
음극으로만 작동되는 비련이겠지

일상의 행복

새벽잠에서 눈을 뜨니
우주를 품은 빛의 횡성이
살며시 다가와 윙크를 한다

나를 보는 것만으로도
행복한 당신이라고

그래요
숨을 쉴 수 있어서
푸르른 하늘을 즐길 수 있어서
대지를 품어 앉고 마음껏 걸을 수 있어서
감동할 줄 아는 그리움과 눈물까지

아니예요
식탁에 모여 앉아
서로의 세월을 쳐다보며
맛깔난 열무김치
그대 한 입
나 한 입
눈물 나게 감사한
하루하루가 있으니까요

어머니(2)

생각과 뜻만으로도
가슴 설레이는 눈망울
부르다 멍이 들어
패어버린 가슴의 한(恨)들

이제와 생각한들 무슨 의미 있겠냐마는
보고프고 그리운 님의 목소리
어이 들어볼까

아프다는 재롱에
슬프다는 아량에
기쁘다는 환희로
목 놓아 불러 보지만
화답 없는 님이시여

하늘 보다 높고
바다 보다 깊은
그 먼 나라에서
그리워 그리워하는
이 마음 들리시나요
어머니
어머니

먼 길

싱그러운 미풍에 실려
여명으로 피어오른
몽우(濛雨)되어 날아간 애통한 삶

카톡으로 전해오는
비명으로 사라진 생로병사의 안타까운 운명
성냄도 탐욕도
선과 악의 무거운 짐 다 내려놓고

하늘의 부름에 순응하는
그 고귀한 삶의 여운들
외마디조차 남기지 못한
허허로운 인생여정

그대 그렇게 먼 길 홀로 가시면
난 어쩌라고
난 어쩌란 말인가요
야속한 님이시여

희망

3월의 향기로 피어오른
새초롬한 튤립 한 송이
가슴을 설레게 하더니

침잠된 기나긴 터널을 지나
새벽을 맞듯
한줄기 은하의 빛이 되어 내게로 온다

시련과 고통의 짐 벗어 놓고
밝음만을 바라보며
날개 짓 하라는 묵언의 눈짓

지친 영혼 달래주는
당신의 그 눈빛
영원을 기약한 미래의 약속이다

봄바람

잔잔한 미소로 피어오른
꿈결 같은 천사의 미풍 되어
내 곁에 찾아온 님이시여

그대의 미소 머무는 곳에
연둣빛 사랑이 몽실몽실
꽃 피웠었지

촉촉한 대지의 생명체들은
빛줄기 끓어 안고
파릇한 생을 찬미하듯
환희의 여왕 꽃 되어 활짝 피어났었지

해풍처럼 상쾌하게 다가온
당신의 향은
영원한 나의 어머니
나의 둥지여라

시월이 간다

시린 눈이 젖어드니
코발트 빛 하늘엔
옥구슬 방울들이 맺혀 피어오른다

해맑은 단풍잎에 기댄 채
송알송알 꽃피어 오르며
서릿발이고 내려앉은
저 찬연한 모습들

화려한 세상 뒤로한 채
또 다른 세상 밝히려 가려거든
삼라만상 모든 것 다 놓으시고
그대 혼자 가시구려

설산의 메아리 구슬피 껴안고
그대 돌아올 그날을 위해
새초롬한 입술로 향기 날리며
기다림 하렵니다

겨울밤의 목소리

삭풍이 몰아치는
얼어붙은 밤의 숨결이
방한복이 무색토록 새어드는 싸늘함

은하수로 흐르는 별빛마저
고요를 묵상하며
달그림자 찾아 나선
저 아련한 대화의 눈빛

삭풍에 견디지 못한
썰매장의 구들장도
슬픔을 토해내며 찌익 찌익
눈물을 쏟아 붓고 있다

세월의 무게만큼
짙어져만 가는 동지섣달의 밤은
내 마음의 창을 촉촉이 적시고만 있다

겨울바다

무거운 침묵 속에
숱한 사연을 간직한 채
유유자적 돛을 달고 달려가는
저 푸르른 수평선

갈매기도 무리지어 창공을 날으며
홀로 찾는 사람에겐 팔짱을
둘이 찾는 연인에게 사랑을
셋이 찾는 가족에게 행복을
원앙처럼 주고 있다

아아
붉게 타들어간
저 찬란한 석양의 빛
누굴 위한 추억이며
누굴 위한 영광일까

유년의 설맞이

산 까치 울어대는 부엉산 기슭에
해마다 이만 때면
솔가지 토닥토닥 요술램프 켜지고

어머니 손끝에서 갖가지 먹거리가
아버지 이마에선 떡 매치는 땀방울이 뚝뚝

새벽잠을 설치는 칠 공주들
꼬까옷 색동옷에
세배 길 나설 때 면
반짝이는 세뱃돈에
덕담 주시던 친인척 어르신들

세월이 유수되어
이젠 내 길이 그 길 되어
손자 손녀 챙기느라
신권 찾아 분주하다

설날

새벽잠에서 깨어난 손주들이
앙증스런 꼬까옷에
댕기머리를 하고 세배를 한다

할아버지 할머니의 덕담의 손길은
어느새 복주머니를 가득 채우고
오순도순 함박웃음 꽃을 피우더니

며느리의 수다가 아침을 열어
햇살 한 접시
떡국 한 사발
나이 한살을 더한 차례 상이 가득하다

손녀의 깜찍한 노래와 유희가
세상을 밝히고
오붓한 가족들 모여 앉아
행복의 꽃이 하늘을 날고 있다

새해의 시작이 끝이듯
가족과 이웃들의 건강과 행복이
은총의 세례로 거듭나길 기원하는
새해의 아침

보리밭

살랑 살랑 바람에 취한
사월의 속삭임이
연둣빛 속살을 살포시 어루만진다

기나긴 침묵을 뚫고
뾰족히 고개 내민 응석둥이 되어
어리광스런 미소의 그 찬연한 모습

어제는 뒤척이며 꼬물거리다가
오늘은 연녹색 잎을 피워 일어선
네 모습
내일은 완숙된 고고함으로
생을 노래하겠지

허나,
과거도 미래도 벅찬 가슴이지만
바람의 흔적 따라 성숙해간
오늘의 빛 고운 사랑의 여운들
가슴 깊게 꽃피워라

여름밤의 향기

태양빛에 달구워진 지상엔
한증막 같은 열기가 뜨겁게 다가와
가슴엔 불꽃을 피우는데

구름에 달 가듯
유유히 흐르는 별들의 축제
가슴이 열리고 등골엔 땀방울이 멈춘다

어디선가 불어온 치자꽃향기
코끝을 맴돌아 가슴에 안기는데

젊음 날의 꿈은 사라졌지만
아직도 가슴을 흔들어 깨우는
여름밤의 추억들

가학산은 말한다

앙증맞은 작은 섬에
구름타고 배회하는 갈매기 떼의 천국
코발트빛 해역을 휘젓는 해초들이 나부끼는
내 고향 소안도

조국독립 부르짖던
항일의 땅
해방의 섬 다도해
삶과 함께 숨 쉬는 민족의 정기
무궁화 오솔길

세세만년 가슴에 옹이 되어 울부짖던
선열들의 혼(魂)을
우뚝 솟은 가학산은 통곡한다

무능과 힘에 눌린
지난날의 역사의식 깨우쳐
만년대계의 후손 위한
정의로운 자유 민주 펄럭이는
남도의 해상공원 소안도

동창모임(1)

설레임이 상큼한
초여름의 야경에
우정의 벌거숭이들이
세월의 옹이 되어 만나던 날

서릿발 이고 선 머리에
가뭄에 타들어간 낯을 하고
우뚝 선 허무의 선들

화려한 빛에 물든 유람선의
구석구석마다
숙성되어 쏟아지는 우정 어린 속삭임들

환희에 찬 젊음의 박동 소리
밤이 깊은 줄 모르고
유유자적 무릉도원을 헤집고 있다

동창모임(2)

갈매기 나르는 에메랄드빛 수평선엔
그리운 향기가 소록소록 피어나는
고향의 하늘

세월의 무상인지
주름진 미소들이 모여 앉아
송알송알 밭고랑 매듯
정겨운 사랑꽃 이야기들

별빛마저 차가워진
하얀 그리움의 우정 어린 시간들
보석처럼 빛나고 있다

백설이 내려앉은
그 곱디고운 얼굴들
오늘이 지고나면 또 언제 만나리요

빈터

세월의 무게가
나이테로 익어가던
고향 마을 동산에

꿈으로 화려했던
젊음의 기상들 어디가고
허허로운 흰머리 날리며 홀로 서 있는가

낭자 마마 쓸고 닦고
반짝이던 추억어린 터전엔
이슬처럼 살포시 떠나간
그 님의 흔적들

가는 곳마다
보이는 곳마다
줄줄이 엮어진 빈터의 거미집들
가슴앓이 운무가 시럽기만 하네

제4부_ 갈잎에 새긴 사랑

인연

외아들 장가보내려 고생도 많았을 터
58번째 약속된 맞선자리도
동지섣달 삭풍에 함박눈에 미끄러져
기브스까지 하고 나선 그 자리

기나긴 세월 돌고 돌아
인연되어 만난 사람
한생을 코 고리에 잠이 들고
미운 정 깊은 정에
아들 둘 낳아 키운 세월들

무심한 세월 지나
주름진 얼굴에 검버섯 피었어도
내 인생 내 길이기에

혹서(酷暑)도 혹한(酷寒)도
아까운 시간되어 안쓰러운 모습들
오순도순 꽃길을 걷고만 싶다

초롱이

청운의 날갯짓으로
새 세상 품어 나르는
신혼의 단꿈들

코발트빛 하늘이
광채를 띄우며 물결치는
심장의 고동 소리가

새 생명의 신비로운 태동이
솔방울로 맺혀
이름하여 초롱이라네요

우주의 빛으로 떠오른
축복의 씨앗이여
정의와 진리에 앞장서
대의의 꿈 수놓아라

한가위(1)

드높은 하늘에 꽃구름 두둥실
노랗게 물들어가는 가지마다
주렁주렁 매달린 과수밭에
새들의 합창이 즐겁기만 하다

비지땀으로 이룬 황금빛 들녘엔
오색찬란한 농부들의 콧노래며
방아 찧던 아낙네의 흥겨운 춤사위가
곱기만 하고

오순도순 모여 앉아 송편을 빚던
정겨운 달빛 사랑의 가족들은
쫀득쫀득한 형형색색의 반달 떡이
한 입 두 입의 행복한 잔치 날이다

한가위(2)

스산한 바람으로 피어난
꽃구름의 그윽한 자태며
비지땀으로 엮어낸 황금빛 들녘과
과수밭에 매달린 옥구슬의 향기가 감미롭다

동구 밖을 휘젓는 강아지들이며
귀가 길을 서두른 우마(牛馬)의 행차가
하루의 고단함과
일 년의 행복을 안겨주는 달빛 사랑이다

똬리 튼 방앗간엔
형형색색의 눈들이 쌓여들고
오순도순 모여앉아 빚은 송편의 향은
잠깐의 즐거움이고 잠시의 행복이다

고향 찾은 자식들 위해
주저리주저리 엮은 짐 보따리엔
주고 싶은 건 하늘이요
담고 싶은 건 가족사랑 혈육의 정이다

선인장

황금빛 햇살 머금고
잔바람 스치는 겨울 집에
떨고 있는 여인아

너를 위한 유리집에
오아시스를 안겨 주리니
탐스런 가시옷에 윤기를 발하여
외로움 달래는 꽃길을 뿌려라

춘풍이 닻을 달고
따가운 햇살로 몰려오는 날
곱디고운 너의 환한 웃음꽃
활짝 피어물고 세상을 밝혀다오

죽녹원의 밤

어둠의 침묵 속에
단비로 쏟아져 내리는
저 화려한 천상의 화음들

청정한 대나무골에서 들려오는
개구리들의 화려한 바리톤 음량이
밤잠을 설치게 하는 시간에

호숫가 벤치에 앉아 새벽을 맞는
청순한 저 젊음들의 모습이
달빛에 기울고 있다

누구를 위한 삶이며
무엇을 위한 열정인지
죽녹원의 밤은 깊어만 간다

여행길

자유의 자유를 찾아
삶의 짐을 내려놓고
사랑 한 가득
배낭에 담아 떠나는
가깝고도 먼 여행 길

갯벌 공주의 왁자지껄한
꿈같은 사랑 이야기들
땀방울처럼 송알송알 맺혀
밤새는 줄 모르는 바닷가 풍경

갯벌의 생태처럼
썰물에는 물 밖으로
밀물에는 물에 잠긴
점토질의 고귀한 삶들
굳게 맺어진 혈육의 정과 사랑
앵두 빛 여인들아
꽃 보다 예쁜 내 사랑들아

섣달그믐

황금빛 서녘 노을이
한해의 정을 뒤로 한 채
뉘엿뉘엿 저물어가는 저녁나절

씨 뿌려 가꾸고픈 수많은 사연들
생각과 뜻을 저버린 삶속에
아쉬움과 후회만 남긴 채
어둠 속으로 사라져가는 저 여운들

생을 돌려 되찾고 싶지만
흐르는 물길 되돌릴 수 없어
보내야만 하는 삶의 여백들

굿 바이
아듀란 음계를 노래 할 수 없어
묵언으로 지새우는 그믐날 밤

동지팥죽

살며시 내민 사립문 사이로
유년의 가족사랑 향기가
소롯이 피어오른 해질녘

오순도순 재잘 거리는 이야기꽃 속에
옥구슬이 빛을 발하기도 전에
칼바람 타고 온 어머니의 볼멘소리

장작불에 달구어진 가마솥엔
옹심이 들이 모여 앉아
왁자지껄 군밤튀기는 소리로
숨바꼭질을 하는 모양이다

세월의 무상함인지
빛바랜 추억의 향기인지
어머니의 구수한 사랑 한 사발에
취해 본다

죽마고우

태초의 인연 따라
구름타고 두둥실 바람으로 나르다

정주고 사랑 주며
함박웃음 재잘 대다
시공(時空)으로 맺어진 진하디 진한 우정(友情)

세월이 무색토록
변함없이 쌓아간
반세기의 주름진 사랑들

알알이 맺히고 밝혀진
우정의 씨앗 되어
탐스럽게 익어가는 열매되어
영원불멸의 향기로 세상을 덮고 있다

감사

고마움과 감사함을 잊고 살아 온
삶의 일상에
가슴앓이로 일어선 설레임들

주말 마다 찾아 나선 약속의 땅
침묵으로 일관된 고귀한 말씀에
가슴이 열리고 머리가 깨어나던 날

평범했던 일상에 우레 같은 기적이
내 마음 사로잡아
여명으로 피어난다

어리석은 삶의 변죽들을
고마움과 감사의 기도로
울부짖게 하는 묵상의 하루

태극기

청푸른 하늘에
긍지의 혼으로 펄럭이는
민족의 혼이여

가슴 시리도록 떨리는
창공을 향해
우리들의 역사와 문화

삼천리강산의 푸르른 정기 따라
백의민족의 향기로 피어난
대한의 조국이여

백두에서 한라까지
이글거리는 평화의 등불 되어
세기를 넘고 우주에 우뚝 선
평화의 전당 가꾸어라

결명자 차

오밀조밀한 키에
새싹으로 피어난 황금씨앗들

어머니의 손길 따라
세월이고 꽃피고 열매 맺어
신기루의 향을 피우더니

가뭄에 타들어간
낭자마마의 고랑 같은 주름살 녹여주는
고운님의 그윽한 향

삶에 지친 허기진 몸에
알싸한 그리움의 텃밭은
오늘따라 억새풀만 일렁이고 있다

비에 젖은 크리스마스

새벽녘 잠결에 놀란 온기(溫氣)가
불청객이 되어 오던 날
정신 줄 놓고 헤매 도는
화마(火魔)의 현장엔

관광 나선 비운의 가족들
하늘이 꺼지고 땅이 내려앉아 오열하는
저 광란의 현장엔

한(恨)의 눈물들이 폭포수로 쏟아져
가슴을 멍들게 하던 날
하늘도 무심하여 주룩주룩 옷깃만 젖게 하네

삶과 죽음이 약속한 그 날
눈물이 환생하여 찾아오던 날
비에 젖은 크리스마스이브

시월의 스케치

따가움을 뒤로 한 채
울긋불긋 물들어가는 계절에

코스모스 들향기에
너울너울 춤을 추는
한 쌍의 고추잠자리

살폿한 그리움 안고 찾아 나선 길엔
노랗게 물든 은행잎들
바람타고 내려와 가슴에 안긴다

아,
계절의 초입에
곱게 곱게 물들어간 시월의 초상

추석맞이 풍경

푸르름이 짙게 물든 하늘엔
삿대도 없는 솜털구름 두둥실 떠
남해에 서 있는데

쌍 이뤄 배회하는 고추잠자리
남해를 돌아 동해라니
살랑이는 덕장에는
오징어가 헤엄쳐 나와 낮잠을 자고 있다

남도의 갯벌을 돌아 뭍에 이르니
붉게 익어가는 과일들
시루마다 가득한 나물들
옹기종기 모여앉아 송편 빚던 가족들
둥근 달 맞이하며 덩실덩실 춤을 춘다

사랑이 그렇고
행복이 그렇고
건강이 그런 것처럼
계수나무 방아 찧는 달맞이 가자한다

갈잎에 새긴 사랑

병아리의 뽀송함이 자라고 자라
꽃 향을 피워 물고
가슴 설레이는 폭죽을 터트리며
세상을 휘젆는구나

하늘의 뜻이요 지상의 명령이 된
하나 되는 날의 축제의 광장
그대들의 앞길에 화려한 꽃길만 비추이는구나

사랑하는 아들아 딸아

그대들의 눈길과
가슴에 타오르는 열정의 사랑꽃
고이고이 간직하여
길고 긴 인생의 항해를 마음껏 즐기며
영원한 사랑의 맹세 화려하게 꽃 피워라

바르고 선함, 믿음과 신뢰 속에 존재한
사랑의 불꽃 활활 꽃피워
둘이서 하나 되는 비익조 되어 날아라
영혼의 맹세,
영혼의 사랑꽃으로 향를 풍기며

세세만년 영원하여라
하늘의 축복 영원하여라

백설기

자랑이며 보배인
귀하디귀한 아기 천사가
어머니의 간절한 기도로
빚어낸 희망의 꽃망울 되어
하얀 면사포를 쓰고 내 곁에 왔네

무병장수와 신성함을 기르기 위한
우리의 전통 문화
백일이나 돌잔치 때면
단골메뉴가 된 백설기

때로는 순백의 흰색과
때로는 무지갯빛 화려함으로 피어난
백의(白衣)의 정체성을 드러낸
소박한 전통 음식

단자 놀이 추억

청정해역의 칼바람 맞고 자란
갈래머리 소녀들

별빛 쏟아지는 밤이면
장작불에 타들어간 골방에서
조잘거리며 애원 섞인 열공에 빠져 있을 때

숙이네 집
제사상에 오를 음식과 과일들
소쿠리에 가득 담아 전해주고
사립문 열릴세라 도망치듯 빠져나와
자정에 이르자

친구들과 어울려
제사 음식이라며 나누어 먹던
철부지적 추억들

시월

스산한 갈바람이 스칠 때면
눈시울이 적셔지는 까닭은 무얼까

생기 돋는 푸르름이 가고
광란의 열기가 식은 탓만은 아닐 것이다

촉촉이 젖어오는 그리움이며
가슴 깊숙이 숨겨둔 그 무엇
아니면,
열정의 꽃을 피우기 위한 가슴앓이며
생의 희열을 갈망하는 욕구에서 일까

서녘 하늘을 수놓은 은둔의 그림자며
새벽이슬을 닮고픈 순수의 정이며
삶의 희열을 남기고픈
열정의 깊이가 있어서 일까

여름과 매미

— 매미의 일생

파도 소리 등에 업고
청푸른 나무숲에 기대인 채
목청 두드리는 세레나데

기나긴 세월 잠에서 깨어나
사랑하고픈 삶인데
무심함에 짓눌린 아쉬운 시간들

구애 하고파 소리에 맴맴맴
낭만을 즐기고픈 소리에 맴맴맴
행복인지 서글픔인지
운명처럼 태어난 일생

이제 구름처럼 떠나야 할
이별의 서곡 앞에
너의 노래 음미하며
진한 전율을 느끼는 하루의 일상

봄의 햇살

싱그러운 바람으로 전해오는
살폿한 향기가
아지랑이 꽃으로 피어오른
한 줌의 햇살

오랜 침묵을 깨뜨리고 솟아오른
매화꽃 봉오리들
산천을 덮고 강변을 물들여
화려하게 나부끼는 저 꽃눈들

벌 나비 너울너울
향(香) 찾아 날아든다

어둠의 창공을 벗겨낸
푸르른 연두 빛 잎새들
청춘이 물들고 사랑이 익어가는
봄 햇살의 향연

장밋빛 절규

어둠을 헤치고 다다른 곳에
뜻하지 않는 통한의 절규가
가슴을 헤집고 들어선다

삼년 전 화촉 밝히던
턱시도의 장엄한 조카의 미소가
전광판에서
나를 반기는데

청춘의 꽃봉오리가
꽃구름 베고 하늘을 날 줄이야
철부지 아이는 아무것도 모른 양
절규하는 통한의 엄마 늪에 앉아
응석을 부린다

행복의 여신이 부럽다던 행운
그리도 못마땅하여 부르셨나요
이 화려한 날
잔인한 오월의 햇살이여

님의 소리 막걸리

태양도 지쳐 구름 품에 잠긴
오수(午睡)의 어느 날

어머니와 마주한 점심상에
"애야 큰 대접 두 개 가져와라"
살얼음에 갇힌 막걸리 한 병
목젖타고 내려가는 청량한 소리가
천하를 얻은 만복이다

"어머니 볼에 동백꽃이 피었어요"
"네 볼엔 진달래꽃이 만개했구나"
하시다 오수에 빠져든 날

오늘 같은 뜨거운 날엔
구절초 향에 젖어 구름 아래 터를 잡고
향기 날리시던 어머니
새록새록 그리움으로 번진다

청춘에 이별의 쓴 잔 뒤로한 채
세월의 거친 파도 헤치며 5남매 키우시다
북망산천 가신 어머니

코앞에 닥친 기일날
그토록 맛향에 취한 엄마표 막걸리
정성을 가한 진달래의 손길로
동백꽃여인네 받히오리다

사랑과 충효 사상에 물든 인성의 진리
— 고앵자 시인의 시세계

정 찬 우 시인, 문학평론가

인간들의 삶을 살펴보면 참으로 기이한 현상을 많이 느끼게 한다. 어떤 이는 60년의 세월을 살아가고 어떤 이는 90을 넘어 100년의 세월도 살아간다. 그런가 하면 병마에 시달리고 삶의 고통에 시달리다 그 보다 더 짧은 생을 마감하는 이도 있다. 흔히들 말하기를 인생은 30년은 교육을 통한 배움의 시간이요 30년은 배움을 통한 자생하는 시간이며 30년은 삶의 일대기를 정리하는 시간이라고도 한다.

그렇다면 한 생을 살고 가는 길에 자신의 흔적을 남겨 놓고 갈 수 있다면 얼마나 다행인가. 그러나 과연 그러한 사람은 몇이나 될까 하는 의구심이 가기 마련이다.

독일의 철학자 헤겔은 "미래의 인류 사회는 예술과 철학과 종교만이 남을 것"이라고 예언했다. 그런가 하면 칸트는 "모든 지식은 교육과 경험으로부터 얻지만 모든 삶은 지혜와 체험을 통하여 얻는다고 했다."

따라서 인간이 삶을 통한 흔적을 남긴다는 것은 주로 성공한 사람들의 전유물처럼 느껴지는 생각이 든다. 그러나 과연 그럴까? 나는 전혀 그렇지 않다고 생각한다.

인생은 태어나면서부터 특별한 존재이다. 각자가 그 나름대로 삶의 목적과 목표가 있었을 것이고, 삶을 통한 지혜와 사상과 철학이 있었을 것이다. 그러나 이와 같은 삶에 대한 책임과 의무와 사명감이 없이 살았다면 남길만한 흔적이 없었을 것이고, 그것을 가슴에 새기며 살았다면 자녀나 후세들에게 남겨줄 수 있는 흔적들이 많을 것이라고 생각한다.

그러한 생각 때문에 나는 25년 동안 문학에 대한 열정으로 후학들을 지도해 오고 있다. 그러던 어느 날, 내게 아주 착하고 예쁘게 생긴 중년 여인이 찾아왔다. 어릴 적엔 문학소녀가 되어 보고 싶다는 꿈을 꾸었으나 결혼 생활을 하다 보니 모든 꿈은 사라지고 오직 가정주부로서의 책임과 의무를 다 해가다 보니 세월은 흘러 나이만 먹었다는 것이었다. 그리하여 늦은 나이에도 불구하고 그 문학에 대한 꿈을 실행해 보고 싶다는 것이었다.

너무도 가상하고 기특한 생각에 열심히 공부해 보자며 격려해 주며 지도해 주었다. 3년이란 짧은 시간 동안 참으로 열심히 노력한 끝에 계간 문예지인 「문예사랑」의 신춘문예 당선으로 문단에 데뷔하여 첫 시집을 상재하게 되었다.

시인의 글은 작가의 내면세계를 들여다 볼 수 있어서 참으로 흥미롭다. 고앵자 시인의 시들은 주로 사랑과 충효에 관한 작품과 고향과 추억을 노래하는 시와 삶의 일상에서 얻어지는 갖가지 사연들을 시적 감수성으로 표현한 시들이

주를 이루고 있다.

이는 시인의 의식 구조가 부모와 형제자매간의 지극한 사랑의 원천에서부터 시작되는 내적 감성과 삶의 일상을 통한 관조의 미학이 끊임없는 성찰로 폭발해가는 열정을 드려다 볼 수 있다. 그런가하면 사물을 관찰하고 통찰하는 능력과 언어의 미각 감각이 사춘기 시절의 순수함과 아름다움의 절정기를 이루듯 격조 높은 고고한 표현으로 독자들의 감성을 자극시키는 커다란 매력을 가지고 있다.

흔히들 시인은 언어의 마술사 또는 언어의 창조라고들 표현한다. 그러나 시인이 시적 언어로 독자를 감동 시킨다는 것은 피를 토해내는 관념의 생각과 살을 도려내는 고통의 산물이다. 그러한 과정을 통해 얻어진 시인의 내면의 감성적 통찰과 사고의 관념으로 이끌러낸 언어의 표현 기법으로 완성되어 나온 한 편 한 편의 시가 독자들에게 감흥을 줄 수 있다는 것은 시인에게는 가장 큰 보람이고 자산일 것이다.

그러한 의미에서 시인의 한 편 한 편의 작품을 음미해 보기로 하자.

청실홍실 꽃다운 청춘
예단에 곱게 담아
온갖 정성을 기우는 님아

곱디고운 연둣빛 저고리
홍색 치마에

황금빛 깃을 세워
화려함을 장식한 곱디고운 새아가야

이제 너희들 보니
내 청춘도 저물어 세월이 흐르는 구나

오늘이 어제이고
어제가 내일인 것처럼
불멸의 행운 간직한 채
꽃다운 한 생을 살려무나

— 〈예단(禮緞)〉 전문

부모의 심정이란 예나 지금이나 자식 사랑하는 마음은 오직 한 가지 일 것이다. 세상살이에 꽃 보다 더 예쁘고 아름다운 것이 있다면 그것은 오직 자녀 사랑뿐일 것이다. 온갖 정성과 보람으로 키워온 자녀가 성인이 되어 어른으로서 새 가정을 이루는 시기가 되면 기쁨도 행복도 있겠으나 다른 한편으로는 잘 살아야 할 텐데 하는 아쉬움과 걱정거리도 많은 게 부모의 심정이다.

그래서 혼인이란 인륜지대사라고 하지 않든가 말이다.

우리 인간이 살아가면서 가장 큰 행사가 바로 자녀를 키워 성인이 되고 어른으로서 자신들의 새로운 세계를 이루어 가는 것이 혼인이기 때문이다.

그리하여 자신들이 커왔던 여건과 환경이 다른 조건 속에서 살아온 사람들 끼리 한 생을 함께 살아간다는 것은 단순하고 가벼운 일이 아니다. 그러기에 옛날엔 신랑 신부의 사주와 궁합을 맞추어가면서 잘 살아가기를 기원했던 것이다.

우주를 나는 요즘의 시대엔 한갓 허접한 일이라 치부해 보지만 그 나름대로의 당위성도 가졌던 것이다. 그리하여 결혼식 전에 신랑이 신부에게 보낸 아주 귀중한 것이 있었다. 그것은 두 사람이 연을 맺고 변치 않은 마음으로 일생을 살아가겠다는 마음을 담아 전하는 증표이기도 하다.

그것이 곧 사주단자라 하여 신랑의 생년월일시를 쓴 서신과 일생을 변치 않겠다는 마음을 담아 보낸 금은보석으로 만든 반지며 목걸이며 팔지 등이 있었고 청실홍실의 예쁜 차마 저고리의 예복도 들어있는 함을 보냈던 것이다. 이 함이 신부 집에 가는 날이면 신부 집에서는 귀중한 손님맞이에 하루의 분주함이 시간 간줄 모르게 바쁘게 흘러간다.

이슥고 저녁나절이면 신랑의 친구들이 함을 등에 매고 얼굴엔 분장까지 해가며 신부집 앞에서 온갖 우스게스러운 장난들을 하며 지냈던 우리들의 전통 혼인식의 문화가 있었다.

이 작품이야 말로 사라져가는 우리의 전통문화를 되새기게 하는 귀중한 작품이라는 생각이 든다. 하물며 작품 속에서는 부모님의 지고지순한 자식 사랑이 잘 나타난다. 지극히 일상적인 언어로 표현한 작품이지만 언어의 감성과 표현의 조화가 단순하면서도 심금을 울려주는 언어의 마법사다운 면모가 드려다 보인다.

뿐만 아니라 자식을 떠나보내는 부모의 한 많은 세월을

아쉬워하며 불멸의 행운을 가슴에 간직한 채 꽃다운 한 생을 살아가라는 깊고 넓은 뜻을 성찰해 주고 있다는 것에 깊은 감명을 받는다.

산 까치 울어대는 부엉산 기슭에
해마다 이만 때면
솔가지 토닥토닥 요술램프 켜지고

어머니 손끝에서 갖가지 먹거리가
아버지 이마에선 떡 매치는 땀방울이 뚝뚝

새벽잠을 설치는 칠 공주들
꼬까옷 색동옷에
세배 길 나설 때 면
반짝이는 세뱃돈에
덕담 주시던 친인척 어르신들

세월이 유수되어
이젠 내 길이 그 길 되어
손자 손녀 챙기느라
신권 찾아 분주하다

— 〈유년의 설맞이〉 전문

유년시절의 설맞이는 일 년 중에 가장 즐겁고 행복한 날이다. 까마득한 옛날엔 부모님으로부터 받은 선물이 새 옷과 새 신발이며 장갑과 모자 등 이였다. 또한 떡매치는 아버지의 구슬땀과 어머니의 분주한 손놀림에 요술처럼 만들어진 갖가지 음식들은 세상 무엇과도 바꿀 수 없는 맛 잔치들이였다.

밤잠을 설치며 날밤을 세던 갈래머리 시절 어둠도 채 가시기 전에 예쁜 꼬까옷을 입고 언니들의 손을 붙잡고 친인척 어른들께 돌아다니며 세배하던 즐거움은 또 다른 추억들일 것이다. 세배가 끝나고 옹기종기 모여 앉은 형제자매들은 세뱃돈으로 받은 복주머니를 꺼내어 서로가 자랑하던 일들이며, 할머니가 건네 준 달콤한 식혜며 조청이며 홍시의 맛은 평생 잊지 못한 먹거리였을 것이다.

이처럼 즐겁고 아름다운 우리들의 명절 풍습들을 이제는 찾아보기조차 힘들어졌으니 요즘의 어린이들은 무슨 추억과 낭만을 가슴에 지니고 살아가는지 어쩜 안타까운 생각마저 든다.

시인은 그 어린 시절을 유추해 보면서 손주들에게 전해 주고픈 세뱃돈의 신권을 바꾸기 위한 은행길이 바쁘기도 하지만, 이제는 어른으로서 자녀들과 손주들에게 전해 줄 덕담을 살피느라 행복하기도 할 것이다. 첨단 정보화 시대를 살아가는 요즘의 시대에서 우리들만이 가지고 있는 아름답고 풍성한 전통문화를 계승발전 시켜가야 한다는 것은 우리 기성세대들의 사명이고 의무일 것이다.

시인은 그러한 사명감과 의무감만을 가지고 이 시 작품을 쓰는 것은 아닐 것이나 분명한 것은 시인은 우리들의 전통

문화에 굉장히 많은 관심과 애정을 가지고 있다는 점에서 참으로 고마움을 느낀다.

채석강이 구비치는 변산반도에
산수연(傘壽宴)을 맞는 형부의 축일 날
칠공주의 수다가 밤하늘을 수놓고 있다

팔딱거리는 삼치며
쫀득쫀득한 전복 회
고향의 복개 떡 한 소쿠리

오고가는 곡주(穀酒)의 정(情)이
시나브로 리듬을 타고
해변의 어둠을 녹이고 있다

한줄기로 맺어진 숙명의 자매들
밀려왔다 밀려가는
파도에 씻긴 세월 되어
이 밤을 즐기는
곱고 고운 사랑의 꽃이여

— 〈자매(칠공주의 밤)〉 전문

농경시대엔 가족이란 삼강오륜의 따뜻한 정으로 10여 남매들이 왁자지껄한 삶 속에서도 눈물겹도록 끈끈한 정과 사랑이 넘쳐났다. 그러나 산업화 정보화 시대의 선진 조국이 되면서 부터는 정(情)도 눈물도 사랑도 없는 인성이 마비된 세상을 우리는 살아가고 있다.

시인은 칠 공주와 두 왕자인 9남매의 다복한 가정에서 태어났다고 한다. 가족이란 집단의 사랑은 세상 무엇과도 바꿀 수 없는 인생의 가장 귀하고 소중한 보물인 것이다. 그 숙명적인 정과 사랑으로 성장한 시인은 올곧은 인성으로 자란 금세기에 보기 드문 사람이다.

그 많은 자매들이 칠순이 넘은 나이에도 지금도 함께 어울려 어우렁더우렁 행복한 삶을 자손 대대로 대물림하고 있는 모습에서 성실함과 따뜻함의 인품들이 참으로 훌륭해 보인다. 형부의 팔순 생일을 맞는 축일 날 전 가족들이 함께 어울린다는 것이 요즘 시대에는 참으로 힘들고 어려운 일이다. 그럼에도 모든 가족들이 함께 모여 여행을 즐기며 인생의 쾌락을 즐긴다는 것은 얼마나 다복한 가정인가를 알 수 있다.

시인은 말한다. '한줄기로 엮여진 숙명의 자매들/ 밀려왔다 밀려가는/ 파도에 씻긴 세월 되어/ 이 밤을 즐기는/ 곱고 고운 사랑의 꽃이여'// 라고 하는 대목에서 형제남매간의 믿음과 신뢰와 화합의 장을 이루고 있음을 잘 표현하고 있다는 점에서 극찬을 보내고 싶다.

그런가 하면 「천륜의 사랑」에서는 피와 정을 나누는 무한한 가족 사랑이 넘실대는 모습이 눈앞에서 선하게 아롱거려진다. 3연의 '아프다고 삐그덕거린/ 허리를 달래며/ 진한 곰 솥에 사랑 한 국자 소롯이 넣는다'// 라는 애틋한 사랑이며 4연의 '주어도 주어도 모자란/ 가슴아린 내 사랑 내 별들/ 태워도 태워도 더 태우고픈/ 내 영혼들/ 넘치는 향기 품어/ 사랑의 꽃동산 물려주고 가련다'// 라고 하는 부모로서 자식 사랑에 대한 지고지순한 사랑이 참으로 아름답고 감격스럽다.

이 두 작품에서 보아왔듯이 이러한 삶이야말로 우리들이 본받아야 하는 귀중한 자산이며 덕목이 아닐까 한다.

역경과 고난의 꽃으로 피워 온 삶
청푸른 하늘빛으로 살고 싶었다

장미꽃이면 어떠하고
들꽃인들 어떠하랴
촉촉이 젖은 눈망울로
열정의 삶 살아가면 그뿐인 것을

연으로 맺어진 충효의 길에
혈육으로 맺어진 끝없는 사랑
주렁주렁 열매 맺혀
꽃망울 터트린 삶이 되고

내 인생의 씨앗 뿌려
곱게 물든 석양빛에
이름 세자 남기고 가면
행운인 것을

— 〈인생론(자화상)〉 전문

인생은 누구나 나름대로의 삶의 목표가 있다. 어떤 이는 학자나 의사가 되고 싶어 하고 어떤 이는 정치가나 군이 되고 싶어 하기도 하며, 나름대로의 부를 쌓아가며 평안하고 즐거운 삶을 지향하기도 한다.

그러나 시인은 그러한 성공적인 삶을 지향하고 있지 않다는 점에서 존경스럽다. 자신에게 주어진 여건과 환경 속에서 성실과 인내로 열정의 삶을 살아가면서 부모와 조상에 대한 또는 국가에 대한 충효 사상을 부르짖고 있음이 참으로 가상하다.

작품에서 말하듯 2연의 '촉촉이 젖은 눈망울로/ 열정의 삶 살아가면 그뿐인 것을'// 3연의 '연으로 맺은 충효의 길에/ 혈육으로 맺은 끝없는 사랑'// 4연의 '내 인생의 씨앗 뿌려/ 곱게 물든 석양빛에/ 이름 세자 남기고 가면/ 행운인 것을'// 이라고 하는 지극히 평범하면서도 뼈 속 깊은 사랑과 충효의 사상이 깊게 물들어 있음에 찬사를 보내고 싶다.

이러한 마음가짐으로 삶에 대한 철학과 사상이 후세들에게 까지 교시적은 한 편의 시를 남겨줄 수 있다는 것이 참으로 존경스럽다.

세월안고 들어선 고향집에
올망졸망 돌담으로 선을 긋고
바람 길 막아주던 님이시여

묵향처럼 난향처럼

은은한 그대의 향기
틈새마다 아롱져 피어나던
당신의 거룩한 빛줄기

만고풍상 거친 세월
이고지고 떠나가신 님이시여
당신의 그 커다란 울림을
밤하늘에 수놓아 드리렵니다

돌담에 새겨놓은
당신의 큰 사랑의 메시지들
칠 공주의 가슴에 뜨겁게 지펴지는
하얀 미소의 행운입니다

— 〈님이시여〉 전문

세상에서 가장 아름다운 언어는 어머니다. 부모 없는 자식이 어디 있으랴. 허나 시인은 부모님에 대한 사랑의 농도가 너무도 애절하고 절실하며 그 깊이가 예사롭지 않다는 것이다. 칠 공주에 아들 둘인 9남매 중 딸로서는 다섯째여서일지는 모르겠으나 부모님에 대한 사랑은 남달리 고귀하고 간절해 보인다.

2연과 3연에서의 '묵향처럼 난향처럼/ 은은한 그대의 향기/ 틈새마다 아롱져 피어나던/ 당신의 거룩한 빛줄기// 만고풍상 거친 세월/ 이고지고 떠나가신 님이시여/ 당신의 그 커다란 울림을/ 밤하늘에 수놓아 드리렵니다'// 라고 하는 표현에서 어머니의 존재는 혈육으로 맺어진 생물학적 존재가 아니라 신격화 되어 있는 자신의 영혼이다.

부모와 자식간의 사랑, 부모를 존경하지 않은 자식이 어디 있겠느냐마는 21세기의 오늘날과 같은 핵가족이 되어 살아가는 요즘 세대에서는 남의 이야기로만 들려오는 것이 참으로 안타깝기만 하다. 비단 이 작품뿐만이 아니다.

솔바람 소리로 영글어간 세월 속에
알알이 품어 내린 영혼 되어
옥색 치마저고리에
옥비녀 꽂으시던 낭자머리의
님이시여

낭자머리
그리운 님이시여
그대는 늘 내 가슴에 터를 잡고
외로움 뒤로 한 채
목련화로만 서 계시는 걸요

— 〈낭자머리〉 일부

불효의 자식은/ 되갚지 못한/ 한(恨) 맺힌 서글픔으로/ 눈물 짓는 이 밤이네요// 그 커다란 은혜의 빛/ 어이 갚을지/ 꿈속에서라도 헤어볼까/ 그리워 그리워하는 당신의 모습//

— 〈그리운 님이시여〉 일부

철 따라 변해가는 세월도/ 아랑곳하지 않고/ 장독대에 정화수 바쳐 놓고/ 두 손 모아 기도하는/ 그 갸륵한 님이시여//

— 〈어머니(1)〉 일부

그대는 비탈진 고목에서/ 외로움과 고독의 산실로 피어난/ 한 떨기 고고한 풍란화// 꿈엔들 잊을까 생시엔들 잊을까/ 당신의 고고한 등불/ 생을 바쳐 살고픈/ 희망의 샘물이어라//

— 〈참 사랑〉 일부

자나 깨나 세월의 끈 놓지 못하고/ 섬섬옥수의 아릿한 정(情) 쏟아 붙던/ 곱디고운 푸르른 청춘// 바다길 열리는 날/ 땀방울 훔치며 조갯살 캐던/ 엄마의 모습//

— 〈엄마 생각〉 일부

위에서 살펴본 작품들처럼 시인의 가슴 속에 존재한 어머니는 우주보다도 더 큰 존재이며 신(神)이 아니고서는 상상할 수 없는 고귀한 존재이다. 그 깊고 넓은 사랑을 먹고 자란 시인의 가슴과 인간적인 심성은 이루 말로는 표현 할 수 없을 만큼 착하고 아름답고 존경스럽다.

이런 여인과 어머니를 모시고 사는 가족들의 행복은 얼마나 아름다울까 하는 생각에 효녀 상은 물론 모성애 상을 드리고 싶다.

태양 빛이 어둠을 향해
달려갈 즈음에
붉게 타들어간 노을빛이
내일을 약속하듯 배웅을 나선다

저 건너 어스름 산야와
집 찾아 떠나는 기러기의 날갯짓이며

드넓은 평야엔 하루치의 일을 끝내고
가족들과 함께 오순도순 명상의 시간을 갖는다

아, 저 하늘의 화려한 채색들
어머니의 화폭처럼 곱기만 한데
기다림에 지친 그 님은
빛 고운 서녘 하늘에 무얼 그릴까

— 〈노을 속의 평야〉 전문

서녘 하늘의 붉게 타 들어간 노을처럼 아름다운 천혜의 풍경은 없을 것이다. 그러나 시인은 단순한 노을빛의 아름다움만을 음미하고 있는 것이 아니다. 그 절경 속에서도 하루의 일을 마치고 돌아와 오순도순 즐기는 가족 사랑의 모습들이 주마등처럼 그려져 있다.

뿐만 아니라 그 가족 사랑에서도 어머니의 존재는 언제나 어김없이 나타난다. 지고지순한 부모 사랑의 지극함에 거듭 찬사를 보내고 싶다. 지금껏 수많은 시인들의 작품을 감상하고 해설을 써 보았지만 고앵자 시인의 부모님을 향한 충효의 도와 사랑의 심성을 잘 나타내고 있는 시인들이 그리 많지 않다는 것을 피력해 보고 싶다.

이는 단순한 혈육과 가족 간의 사랑의 범주를 벗어난 사랑의 진미인 인간미를 가슴속 깊이에서 샘솟듯 쏟아져 나오고 있다는 점에서 한국 사람들의 심미적 정서와 인간미를 잘 나타내고 있다.

햇살도 동한(冬寒)을 이겨내지 못한 양
서둘러 밤잠을 청하는
유년의 겨울 밤

청자 빛 화로 불에
옹기종기 모여 앉은 가족들
인절미에 동치미며
고구마 구워 호호 불어대던
우렁각시 이야기들

한 입에 우화 꽃
두 입에 자장가
불러주시던 아버지의 사랑

아직도 그 추억
가슴에 앓이는데
난 정녕 누구에게도 그 추억
전해줄 이 없어 멍 때리는 밤의 여운뿐

— 〈우렁각시 이야기들〉 전문

우렁각시란 이름만 들어도 정감이 넘치는 언어다.

특히 동양적인 삶의 표상인지도 모르겠다. 우리나라의 설화 중에 하나인 우렁각시 이야기는 순수와 정직, 들어내지 않는 겸손과 알뜰함, 온유한 사랑과 강인한 인내를 표상하는 사람의 이야기를 안고 있다.

이야기의 줄거리는 가난한 시골 총각이 논밭에서 일을 하고 집으로 돌아오는 길에 우렁이 하나를 집에 가져왔다. 그

날 이후 사내가 일을 마치고 집에 돌아오면 언제나 밥이 차려져 있었다. 이상하게 여긴 사내는 몰래 관망하고 있는데 우렁이 속에서 예쁜 여인이 나와 밥을 짓고 있는 것을 목격하였다.

그 후 사내는 처녀를 붙잡아 자신의 아내가 되어 줄 것을 요청하였다. 그러나 그녀는 아직은 때가 아니다며 기다려 달라는 말 뿐이었다. 그러나 사내는 금기를 어기고 그녀와 결혼하였다. 그러던 어느 날 그 마을을 지나던 원님이 예쁜 우렁각시를 자기의 안내로 삼겠다면 데려가 버렸다. 그러나 우렁각시는 자신의 남편인 총각을 잊지 못하고 지고지순한 사랑을 하고 있었다는 것이다.

바로 시인은 이 작품을 통하여 형제 자매간의 깊은 우애와 사랑이 넘침을 2연에서 '청자 빛 화로 불에/ 옹기종기 모여 앉은 가족들/ 인절미에 동치미며/ 고구마 구워 호호 불어대던/ 우렁각시 이야기들'//로 간접적인 은유화를 시키고 있다. 그런가 하면 따뜻한 아버지의 사랑을 3연에서 '한 입에 우화 꽃/ 두 입에 자장가/ 불러주시던 아버지의 사랑'//이라고 하는 대목에서 부모와 자식 간의 애틋한 사랑과 헌신, 믿음과 신뢰를 은유와 환유의 기법으로 잘 표현하고 있다 하겠다.

인연이 필연 되어 낯설게 만난 정(情)
시간이 세월 되어

내 자식이 되었다네

하늘의 축복인지
나의 행복인지
때가 되면 찾아와 온갖 정성 부린다

— 〈며늘아이의 꽃정〉 일부

하늘 아래 어디선가
날아든 꽃망울이
가슴에 들어와 꽃사랑으로 피어난다

그 꽃망울 햇살처럼 빛나고
그 향기 달콤한 음율 되어
빛이 되고 소금이 되어
잔잔한 호수에 윤슬 되어 눈이 부시다

그 빛과 향기로 피어난
또또와 초롱이 천사
지지배배 지지배배의 합창되어
기쁨으로 다가와 내 품에 안긴다

천륜으로 맞아진 인연들
정주고 사랑주고
이해와 배려 속에
용서의 잔 크게 나누며
행운의 여정에 화려한 꽃향을 피운다

— 〈며느리의 꽃사랑〉 전문

자식 사랑하는 부모의 마음은 어느 누구나 똑 같을 것이다. 시인 역시 자녀들을 온갖 정성으로 애지중지하게 키워 시집 장가보낼 때의 부모의 심정을 잘 표현해 놓았다. 아들을 장가보낼 때는 며느리를 맞이하는 기분에 즐겁기만 하겠지만 딸을 시집보낼 때는 기쁜 마음과 더불어 섭섭함과 애달픈 마음이 더 앞설 것이다.

그러나 시인은 아들만 둘인 것 같다. 두 며느리를 맞을 때마다 한 며느리는 꽃사랑으로 맞이하고 또 다른 며늘아이는 꽃정으로 맞이한 사실이 참으로 정감과 사랑이 넘치게 나타나고 있다는 점에서 역시 시인의 마음은 이처럼 아름다을 수밖에 없는 것 같아서 참으로 고맙고 기쁘다.

며느리의 꽃사랑과 며늘아이의 꽃정에서의 차이는 각각의 1연에서 하늘 아래 어디선가/ 날아든 꽃망울이/ 가슴에 들어와 꽃사랑으로 피어난다// 라고 했으나 다른 작품에서는 인연이 필연되어 낯설게 만난 정(情)/ 시간이 세월 되어/ 내 자식이 되었다네// 라고 표현하고 있다.

이는 작가의 감성과 감각의 차이점 인지는 모르겠으나 정감의 차이는 분명하게 다르게 나타난다. 꽃사랑에서는 불연듯 나타난 며느리의 감성이고 꽃정에서는 필연이라는 운명적 감성을 표현했다는 점에서 작가의 시어의 선택적 감각이 지극히 돋보이는 부분이다.

그런가하면 각각의 2연에서는 '그 꽃망울이 햇살처럼 빛나고/ 그 향이 달콤한 음률 되어/ 빛이 되고 소금이 되어/ 잔잔한 호수에 윤슬 되어 눈이 부시다'// 라고 했는가 하면 꽃정에서는 '하늘의 축복인지/ 나의 행복인지/ 때가 되면 찾아와 온갖 정성 부린다'// 라고 표현하고 있다.

여기에서의 꽃사랑은 며느리의 마음가짐과 행동이 예술적인 감성을 자아내고 하고 있다면 꽃정에서는 친화적이고 유화적인 자연의 현상으로 받아지고 있다는 느낌을 갈게 한다.

그런가 하면 각각의 4연에서는 천륜으로 맺아진 인연이기에 삶 속에서의 이해와 배려로 정주고 사랑 주면서 화려한 꽃향으로 사라고 했다면 꽃정에서는 이해와 배려와 정과 사랑은 당연한 것이기에 행복한 모습으로 잘 살아라 라고 표현하고 있다는 사실에서 부모의 따뜻한 사랑의 마음과 그 마음이 영원하기를 바라는 심정이 참으로 아름답게 느껴진다.

그간 살펴왔던 고앵자 시인의 시에서는 지고지순한 부모와 자녀 사랑이 넘침과 함께 고향의 향수와 삶의 일상을 형이상적 언어로 잘 표현했다고 할 수 있다.

더욱 더 깊고 넓은 통찰력으로 주옥같은 필력을 과시하여 주기를 바라며 미래의 한국문단의 큰 별이 되리라 의심치 않는다.

우렁각시 이야기들

인　쇄 | 2024년 10월 25일
발　행 | 2024년 10월 31일

지은이 | 고앵자
펴낸이 | 정찬우
펴낸곳 | 도서출판 밀레

등　록 | 2004년 12월 15일 제204078호
주　소 | 서울 서초구 효령로 53길 18, 210호
(서초동, 석탑오피스텔)
TEL : (02)588-4671~2
FAX : (02)588-4673
e-mail : hyunwoot@hanmail.net

값 15,000원
ISBN 978-89-97815-34-0